고백

채미지혜 김나빈 우수현 이영주
원민경 배민식 소운 구원서 이예인
김고운 박영환 히라 유경지 박은하수
자는곳 장수연 바올 천홍규 이봄 이나연
이창희 한여름 정우주 최재원 허지원
이도 시주 최이현 최지끝 정하연
정유월 박현빈 김태우 이룬 손가은
이윤지 손가은 이지구 강석찬 윤세경
한수연 김연진 정지원 염채민 무영

마음의 표면장력

2025년 3월

I

파도리 1214번지 채미지 13

카운트다운 혜 14

출근 김나빈 16

S에게 우수현 18

눈송이 이영주 20

고백 원민경 21

질문 배민식 22

고요한 마음이 쏟아질 때 소운 24

오후 1시 30분 구원서 25

귀빈의 흔적에 독백 이예인 26

기우 祈雨 김고운 28

네가 모를 시 그저 그럴 시 박영환 31

루페 히라 32

스무고개 너머에 있는 유경지 34

어서오세요 환상의 세계로! 박은하수 36

영원을 믿을까 자는곳 39

사랑은 재채기처럼 장수연 40

소란 바올 41

하얀 마음에 네가 점을 찍고 천홍규 42

아류 이봄 44

사랑의 상대성 이나연 46

산책 이창희 47

II

생일 축하 자백 한여름 53

생일날의 고백 정우주 56

삼키는 염원 최재원 58

언어의 해부학 허지원 59

꿈에서 처음 완성해 본 문장이었어 이도 60

추억하려는 애인 시주 62

쓸 수 없다는 변명 최이현 64

다람쥐 마트료시카 최지끌 66

오려 내기 정하연 68

빛바랜 영수증 정유월	70
오답 박현빈	72
파라다이스 홍콩 김태우	74
사랑 집중 모드 이룬	76
원을 그리는 방법 손가은	78
이세계 생명체 이윤지	80
헤르츠 러브 손가은2	82
친애하는 인어에게 이지구	84
DM 강석찬	86
구름 밑을 천천히 쏘다니는 개처럼 윤세경	88
그것은 스킨답서스가 아니다 한수연	90
종간 경쟁 김연진	92
사랑은 체리 정지원	94
푸르지 않은 지구로부터 염채민	96
방류금지 무영	98
	99

○ 작가명은 작품 첫 장의 쪽 번호 옆에 표기하였습니다.

I

파도리 1214번지
-영에게

눈보라 치는 서쪽
땅끝에서 너에게 영원을 보낼 수 있다면

그곳에는 사막을 품은
바다가 있고
우리의 전생을 발설하지 않는
나무들이 여전히 우리의 표정을 알고
하늘에도 틈은 생기기 마련이어서
기어코 빛이 내려온다
맞잡은 손 위로

지는 해도
해라는 것에는 변함이 없다

내일의 사랑이
사랑일 것처럼

카운트다운

종말이 진행 중인 세계의 나는

너 혹은 당신이라고 명명할
새로운 중력의 행성을 발견합니다

혈관을 따라 발진하는 꿈
심장의 속도로 진동하는 숨

종말 하는 세계에서도
결코 멸종하지 않는 힘들이 있군요

이런 걸 추력推力이라고 부르는 걸까요

영원을 기대하는 밤마다
궤도를 공전하는 시선으로 당신을 관측합니다

마음과 마음으로 송출되는 풍경,

당신은 푸른 바다와 숲을 가졌군요
거기서는 사랑이 영원할 수 있겠군요

이제 종말은 멸종할 수 있겠습니다

발사를 카운트하는 고무줄처럼
힘껏 당기는 마음으로

오래된 엔진을 점화합니다

먼 미래의 우리는 또 등을 마주 볼 것이고
아픔은 꼭 늘어난 만큼 돌아올 테지만

먼 곳을 응시하는 귓속말은 듣지 않기로 합니다

다정하게 서로를 겨누는 손
가슴을 파고드는 직각의 빛으로

발사

출근

손등에 한 점
먼지가 내려앉은 맑은 환부
네 손을 겹치면
틈새로 새던 은하수

비로소 약동을 시작한
오래된 문장 위로 살이 돋는다
나선형의 용기

네게 건넨 말 중 절반은 지어낸 건데
죄 믿는 너를 보는 일이 취미였다

이게 무언지 이제는 명쾌하다
동력은 사랑이라 진단한다

허여멀간한 햇살이 눈꺼풀에 스미고
그 길 끝 프리즘이 산란하던 오후
긍지가 노랗게 피어오르면
당신 이름의 외곽을 따라 꿰고 푸는

손을 타고 해진
모음 끝 젖고 푸른 날실

강둑에 앉아서 생각해 보니
이 모든 게 좋은 일인 것 같아
직업으로 삼았다

S에게

한때
눈을 감으면
그 안에 담겼던 것들이 보이기를
바랐던 적이 있다
그러면 그 애가 눈을 감아도
앞을 볼 수 있을 테니까

있잖아 나를 왜 좋아해? 하고 묻는
그 애의 눈을 감겨 주는 것만으로도
내 마음을 전할 수 있을 테니까

네 안에서 숨 쉬는 초록과
부서지는 파도와
일렁이는 빛들을
너를 향해 쏟아지는 함성과
투명한 지평선과
칠흑빛 하늘을
그리고 그 모든 것들을 담고 있는
너의 눈동자를 사랑한다고

너에게는 보이지 않지만
나에게는 보이는 것들이
너의 시선으로 보는 세상이
너를 사랑하게 한다고

말 없이도
그러나 말보다 분명하게
고백할 수 있을 테니까

눈을 감고
행복해하는 그 애의 모습을
오래오래 지켜볼 수 있을 테니까

눈송이

복도식 아파트 절벽 담을
약지 손톱 같은 눈송이 하나 넘어온다

발을 끌며 앞걸음 하다
놀라 물러나던 뒷걸음과 부딪혔다

초인종을 누르면
오래된 표정이 불려 나오고
닫히는 법을 잊어버린다

살갗 아래 숨었으나
들키기를 바라 두서없는 홍조

접혔던 시간을 펼쳐
입김 같은 말들을 흩날리면
영원을 잡느라 세상이 들썩거린다

고백

이대로 그만
끝이었으면 하는 밤
별들이 떠오르면

모래톱의 성 나는
오래 버텼다는 듯
허물어지고 싶어라

그러면 네가
뜨거운 파도처럼
와락 하고 나를 덮쳐서

나는 네 안에
숨도 쉬지 못하고
잠겨버렸으면

질문

사람들이 고백은 확인이래서
네 마음 알갱이라도 줍고 싶었어

너와 나눈 흔적은 내 논리로 해석이 안 되니
괜히 쌓아둔 문장의 무게를 달아봤어
긍정을 부풀리고 사소한 부정에 잠기다가
좋아 보이는 기회는 전부 놓친 거야

확실히 희망은 난폭하고 나는 시시하고
네가 떠날까 불안하고 못 전할 생각만 선명하다
괜히 말랑해져서 비눗방울 같은 질문만 떠다녀

이렇게 내 일상이 너인 와중에 묻고 싶어
그 토요일은 너에게도 특별한 건지
내가 해준 이야기 기억하는지
추천해 준 책은 읽어봤는지
초록색 원은 진짜 네 마음인지

궁금하기도 해
혹시 내 마음 티가 났는지

그럼에도 괜찮은지
그 괜찮은 일 계속해도 좋을지

고요한 마음이 쏟아질 때

에떼는 프랑스어로 여름이래. 큰 나무 아래에서 네가 말했다. 마치 무거운 솜사탕을 양손에 들고 있는 듯한 이상한 기분으로 하루하루를 살았다고. 햇볕에 바싹 말린 메마른 셀러리를 건네주었다. 너는 내가 오랜 시간 쌓아 온 무거운 구름을 아무렇지 않은 말로 무너뜨리고 흰 바람 속에 가만히 누워있다. 나는 이름을 부르고 네 표정을 기다리기로 했다. 빛바랜 마음은 별 무리 안에서 다시 피어나고 그 안에서 천천히 걷는다. 이상한 기분을 가득 안고 있다. 아삭한 셀러리를 입안 가득 씹고 또 씹었다. 얼마나 먹어야 마음에도 근육이 생길까. 닦고 또 닦아서 아무 마음이 묻어 있지 않은 매끈한 마음을 두 손 위에 올려주고 싶다.

좋아한다고 말하는 일. 계속 모르고 싶어서 또 눈을 감고 선명해지는 마음을 곧 사라질 햇빛에 묶어놓는다. 많은 마음은 부서지는 파도 속에 잘 숨겨 놓고.

오후 1시 30분

교실 창문을 등지고 엎드려 누워
머리카락을 잘 올려 묶은 너의 뒷모습을 보다가
문득 이 여름이 끝나면 이 머리를 한
너를 보지 못할 것 같아
너의 이름을 입안 가득 머금고 부르면
환하게 웃는 너의 얼굴을 보며
나는 웃으며 이렇게 말하지

나는
여름이
가장 좋아

귀빈의 흔적에 독백

손
솜이불
살
에 묻은
이질적인 향기

그건
너
에게 묻어있던
익숙한 향기

손을 뽀득 씻어도
이불을 볕에 말려도
살에 매끈 비누칠해도
지워지지 않는
나른한 향기

내 지난 날은 한낱 무취에 불과했었나

손을 뽀득 씻으면
이불을 볕에 말리면
살에 매끈 비누칠하면
지워져 버리는
과거의 향기

대신
너
에게 묻어있던
익숙한 향기

사랑스런 향기
가 베고만
살
솜이불
손

기우 祈雨

9월의 창밖이 오래도록 화창하다
네 사물함 속 파란 우산처럼

운동장의 아이들은 그늘을 걷어차며 놀고
그 색색의 발끝을 얼기설기 그러모아
꽃다발처럼 건네주고만 싶다
앞자리 너에게

덜 마른 빨래처럼 살갗에 달라붙는 햇빛
교실 커튼을 열고 닫길 반복하는
긴 소매를 걷어붙인 팔목이
짐승의 뿔 같다고 생각했다

그저 예쁘다는 뜻으로

눈을 찌르는 잔잔한 풍경
네 목덜미엔 도망 온 그림자가 모여들고
숨어들고 싶어져서

오늘 무슨 요일이야?

쉬운 것을 물었다 네게
쉬운 사람이 되려고

간간한 대화는 끝말잇기 놀이 같고
어설프게 늘어지는 물음에
넌 쉽게 0을 곱해버릴 수 있는 사람

한쪽으로만 누운 몸처럼
네게로 기운 마음이 점점 저릿해져서
여름엔 울지 말자
뒷모습에 몰래 맹세 하곤 했던

곧은 우산살을 부러뜨리는 밤
파랗게 질린 꿈을 접어 자리에 돌려놓으면
창밖엔 아직 바람만이 쏟아져도

어느 날 넌 고장 난 우산을 발견하겠지

젖은 손목으로
이마를 훔치며 걸어가는 네 그늘을 따라

뒷짐에 꽃을 숨긴 듯 다가간 내 발끝은
완전히 꿰여버릴 테고

비에 자국을 새길듯한 말들
쏟아져 버리겠지
내민 우산이 한껏 드러누운 것처럼

오랜만에 날씨가 무척 좋다고
집에 같이 가겠느냐고

네가 모를 시 그저 그럴 시

너와 시를 읽고 싶었어
네가 좋아 산 시집이
내 책장에 차곡차곡 쌓여 갔거든

한 연에는 얼마나 많은 이야기가 담길까
울컥하며 나올 말들을 나는
남의 문장 뒤에 숨겼어
시에는 많은 걸 담을 수 있거든

고백은 독백
너는 영원히 들을 일 없는
문장 뒤 이야기

너에게 준 시집은 그런 거다
나만 아는 문장 뒤 이야기
아무도 모르게 너에게 준
얇은 두께의 깊은 마음

루페*

긴 소매 끝
장갑을 낀 손
계속 움직이자
힐긋

눈과 귀의 방향이 달라야
계속 듣고 있다는 걸
눈치채지 못할 거야

알맹이가 있어요
조심스러운 장난기

건넬까 말까
고민했던 말들이
여러 번 쓰고 접은 종이 가방 같아
모서리가 조금 닳아버렸어

빈 그릇이라고 하기엔
굴러다니는 구슬로
새로운 소리를 만들고 싶게 해

손을 뻗지 않고는 닿을 수 없는 세계
있는 그대로 자랑스러워

혼자 내는 소란이 전부였던
그 방의 침묵을
꼭 안아주세요

정처 없이 걷다가
모르는 곳을 맴돌다
같은 벤치에 앉는 게 흔한 일은 아니에요

모순을 드러내는
예외가 되어주세요
그냥
계속 궁금하니까요

* 사람의 시야로 보기 어려운 물체의 미세한 부분을 자세히 보는 렌즈.

스무고개 너머에 있는

책상 위에 늘어진 사과 중 진짜는 무엇일지 맞춰봐
속이 훤히 비쳐 보이는 건 가짜일 확률이 높지
네가 내 마음을 전혀 눈치채지 못한 것처럼
나는 이제 너를 영영 모르기에

쓰려다 만 편지의 첫 문구를 혹시 알아?
이미 다 아는 표정이잖아
우리 사이에 비밀 같은 건 있으면 안 되잖아
그렇지?

고개를 들지 못하는 모습이구나
거울을 하나 가져다 두고 대화하는 것도 좋아

이제는 보이겠지
삼키고 싶어 씹은 게 무엇인지
다시 만난 우리는 얼마나 산산조각이 났을지 궁금해

함께 가기로 한 東京의 어딘가, 내가 먼저 가 숨겨놓은
흔적을

마주칠 수 있을까
한밤을 모두 보낸 내 손톱엔 거스러미만이
곰팡이 핀 신발을 이제는 버릴 다짐을 했어

나는
너와 마주 앉아 먹는 밥보다
혹시 모를 순간이
기대됐다고

이제 다 들켰어
우리는 스무고개를 넘어 다시 스무고개를 넘어가는 중
이지

정답을 알려주기 전에
네가 고른 건 가짜 사과야
그러니 너

알아버린 거지?

어서오세요 환상의 세계로!

웃기지 않니
한 발자국만 내딛으면
환상의 세계라는 거

환상이 뭐야
기다림뿐이었어

제일 재밌다는 롤러코스터 앞에서도
무섭다고 벌벌 떠는 너

이럴 거면 환장의 세계로
이름을 바꿔야겠다고 생각했지

폐장 시간이 다가오는 놀이공원

기다림 끝에서
한 세계의 마지막이
임박했는데

너는 대관람차를 타자고 했어
기다림은 이제 지루해

어서 빨리 충돌하고 싶었지만
범퍼카는 조기 마감

우리는 대신
시계 방향으로
빙빙

올라갔고

꼭대기에서 멈출 때
나는 소리

덜컹

너와 나를 제외한 세계가
보잘것없이 작아질 때

나는 또 들었지

덜컹

너와 나를 포함한 세계가
폭죽처럼 반짝이고

혹시
너도 들었니
내 심장 소리

유일하게
멈춰야 시작되는
마음이 있었다

대관람차에서 내려와서도
놀이공원에서 돌아와서도

사랑은 여전히
시계 방향으로
빙빙

돌고 있는
마음이 있었다

영원을 믿을까

영원해달라는 말
영원 같은 말을 읊으면 언젠간 저주가 된다
사랑한다면서 저주를 퍼붓고
가끔은 내 정수리에 저주를 부을 때도 있지
거 봐 영원은 저주 같아

시는 저주 같아
영원 같은 말을 한껏 로맨틱하게 꾸미니까
영원에 담긴 게 어떤 저주인지도 모르고
웃는 얼굴에
우는 얼굴에 껌벅 속아서
영원 같은 걸 남발하면
난 널 저주해 같은 말인지도 모르고

메리 크리스마스
이 세상은 저주로 가득 차 있을까
사람들은 저주를 속삭이고 있을까

너는 나만의 저주 같아
널 사랑한다는 말인지도 모르고

사랑은 재채기처럼

다짜고짜
사랑해, 하고 말할 수 있다면
얼마나 좋을까

사랑은 마땅한 거래
사람이라면 무릇 해보는 거래

그 말을 듣고 살며시 꺼낸 재채기
어설픈 마음이 데굴데굴 구른다

이상하게 바라보지 마

나는 그냥 에취 하고 내뱉고 싶은 거야
네가 잔뜩 간지럽힌 코끝을 움찔거리면서도
훌훌 사랑해를 털어버리고
다시 웃을 수 있는 고백을

소란

  그것은 사랑이었지 싶어. 너를 쓰고 지우는 일의 반복. 새벽에 꺼내보고 다시 눈을 감으면 나의 어둠이 밝혀지길 기도하는 일. 너의 파동을 느끼고 기억하는 것. 우리의 시간은 서로 다르기에 각자 멈춰서 수평선을 바라볼 수밖에. 네가 헤엄쳐온 시간을 이제는 내가 달려가는 중이야. 그때의 너는 어떤 기분으로 그 시간을 세어 왔을지, 그 한 호흡이 큰 용기였는지 어렴풋이 느껴. 그게 애증 아니면 연민이었을지라도 우리가 함께한 온도를 마음껏 느껴보고 안아볼래. 시간이 얼마나 흐를지 모르겠지만 한껏 웅크리고 다시 새로운 잉태를 기다리려고 해. 어떤 형태로든, 그것이 너를 미소 짓게 할 수 있기를. 편히 쉴 수 있기를.

하얀 마음에 네가 점을 찍고

너의 눈웃음을 잊지 못한 건
어제 오후 4시부터였다

사람을 가만히 멍때리며
보는 일은 처음이다

처음 그러니깐
네가 처음이다

나조차 선을 그을 수도
점을 찍을 수도 없던 곳을

네가 윤슬하게 나타나
자국을 남겼다

잠을 설쳤다
밤하늘에 놓인 별들이

원래 저렇게 밝았나 싶은
생각이 들었다

살짝 마음을 들여다봤다
네가 찍고 간 점이

원래 저렇게 밝았나 싶은 별처럼
번져 있었다

가득해져 버린 네가
윤슬에서 파도가 되었고

더 이상 컨트롤할 수 없는 나를
내일 너를 만난다면

내가 아닌 수줍은 나의 어떤 내면이
너에게 버벅거리며 고백할 거 같다

어떡하면 좋을까
이 주체 되지 않는 박동은 무엇일까

하늘에 점이
무수하게 찍혀 있다

아류

해를 맞이하는 자세도, 좋아한다고 부르는 책을 수십 수백 번 꺼내 읽는 것도, 정신 곳곳에 떨어져 있는 단어들에 규칙을 입혀 나열하는 것도, 영원히 닿을 수 없는 곳을 열망하는 것도, 여전히 지상에 찍히는 발자국의 각도와 그 밑으로 생기는 몇 센티의 단차까지도
모든 것이 어떤 것의 모방이다

지금부터 세상에게 고백할게

지나다 보이는 사랑스러운 것들에 대고 셔터를 눌러 영원히 정지시키는 것도, 영원히 얼어 있을 것만 같았던 파도를 다시 재생시키는 것도, 중력을 따라 흐르는 것들에 대한 미련을 버리는 것도, 추락해 버릴 것을 알면서도 상공에 던져 보내는 것도
모두 새벽을 지나 아침까지 닿는 어떤 음악의 모양이나 그림의 가사를 닮았어

이다음 세상을 고백시킬게

해가 뜨는 것도, 그 너머의 하늘을 별들이 채워 내는 것도, 예상치 못한 날에 비가 흘러내리는 것도, 그러다 딱딱한 바닥이 눈에 파묻히는 것도, 손이 닿지 않는 곳에 매달려 바람을 따라 춤을 추는 메타세쿼이아의 푸르른 잎과 바위에서 자라는 꽃에 생명이 깃드는 것도
　전부 세상이 사랑하는 모습을 모방했다고

내일도 해가 뜬다면
그게 세상의 고백이겠지

무언의 인정 속에는
저마다 사람들의 사랑과 동경과 수줍음이

마지막으로 너에게 고백할게

우리는 언제까지나 서로의 아류작이야

사랑의 상대성

늘 궁금했어
우리는 어디서부터 시작된 건지
우리가 멸망까지 함께할 수 있을지

아, 내가 너를 천 년 동안 사랑할 거라고 생각했지 인간의 수명은 고작 백 년이지만, 우리는 그보다 열 배의 시간을 함께할 수 있어 너를 사랑하는 속도로 우주를 횡단한다면 몇억 광년쯤은 우습게 가로지를 수 있으니까
  네가 나를 앞질러 갈수록, 내 시간은 끈적하게 늘어진다
  물리법칙을 무시한 채 모든 이유가 너로 귀결되는 삶 이건 푸른 별에 사는 지구인의 고백

어떤 사랑은 다른 차원에 살게 한다
네 시선이 나를 옭아매면 시공간이 무의미해지고
마음은 무한히 커지는 우주와 같아서

알고 있니?
사랑하면 만개한 은하 사이에서도 널 찾아낼 수 있어
그래 이건 사랑의 상대성이론
과학의 힘을 빌려 보내는 고백이야

산책

　걸어가던 사람이 멈춘다 멈춰서 위를 바라본다
　왜지 싶어서 나도 위를 보니 큰 구름이 하늘에 떠 있었다
　저렇게 무거워 보이는데 저렇게 아름답고 가볍게 떠 있다니
　앞사람이 사진을 찍는다 나도 찍는다 다시 걷는다
　앞사람이 다시 사진을 찍는다 저기가 더 예쁘게 나오나 싶었는데
　다가가자니 수상해 보여서 그냥 걸었다 걷다가 공원 앞
　버스 정류장에 앉았다 커다란 은행나무가 사람들이 타고
　내리는 것을 지켜보고 있었다 나는 은행나무를 바라보았다
　바람이 불자 노란 은행잎들이 떨어졌다 거미줄에 매달린 은행잎
　하나는 떨어지지 않고 폴 댄스 추듯이 나뭇가지 끝에 매달려
　허공을 돌았다 공원의 그네에는 쌍둥이처럼 붉은 옷을 입은
　개와 할머니가 나란히 그네에 앉아 있었다 그네가 조금씩 흔들리고

할머니와 개도 흔들렸다 다른 할머니가 와서 그네 할머니에게

인사를 했고 몇 마디를 나누다가 이내 떠나갔다 할머니와 개는

할머니가 떠나간 쪽을 쳐다보고 할머니는 발을 조금 허우적대다가

그네를 멈춘다 개는 여전히 그네에 가만히 있었다 나는 좀 더

쳐다보고 싶었고 개의 이름을 묻고 싶었으나 그러지 못했다

그네가 멈추고 할머니는 개를 유아차에 태워 공원을 빠져나갔다

등이 굽은 남자가 정류장으로 다가와 멀찌감치 앉았고

어깨에 멘 작은 가방에서 음료수 한 캔을 꺼내 천천히 마셨다

그는 두리번거리다가 남은 음료를 하수도에 버렸다 빈 캔은

옆으로 멘 작은 가방에 구겨 넣고 힘없이 버스에 올랐다

그 모습이 좋아서 영영 떠나지 못할 것 같다가

소리 내본다

나는
사실
사는 게
좋아요

II

생일 축하 자백

몇 번 죽고 태어나는 동안에도 네가 처음 운 날은 오늘이니까
익숙할 반복 속에 한 번은 기억하고 싶은 하루였으면 해서
밸런타인 이틀 전이길래
말해도 될 것 같길래
네 생일을 ___ 해

나는 네가 왜 어려운 걸까
뭐가 그렇게 어려워서 편지의 처음만 수어 시간을 밟고 있는 걸까
무언가를 주려면 빈손이 필요하고, 그림을 그리려면 여백이 필요하고, 입술을 떼려면 공간이 필요한데

나는 눈을 뜨면 시선의 수평이 너로 가득 차

그래서 생일 축하라고 적는 게 자백으로 일그러지나 봐

정말 내 무엇도 모르지, 너는

죽음이라는 전제를 달지 않아도 너를 잃는 일이 무서워진 지는 오래인데, 뭘 알면서 곱절로 사랑한다는 건지 네가 겁이 없다는 건 그럴 때 깨달아 매번 그렇듯 네가 자처하는 것들은 내가 이고 싶지 않은 것들이라 더 사랑한다거나 내 불안조차 뻥 뜷으려 한다거나 그러니 앞으로도 그런 건 네가 해 줘, 라고 해도 너는 내가 좋아?

이것도 모르지, 너는

내가 너를 만난 날은 내가 처음 울었던 날이었어 신기하지 않아? 우리가 서로를 만나 자꾸만 변해 가고, 몇 번의 스스로를 죽이고 우리로 새로 태어나는 동안, 나의 첫 생일은 너를 처음 만난 날이었다는 게 기분 좋지 않아? 그 이후로 무수한 생일을 만들어 가고 있다는 게

너를 자주 사유해 내가 너랑 왜 이럴까 우리는 우리로 왜 이러는 걸까 내가 나로, 네가 너로, 우리가 우리로 고민하는 사이에 모든 매듭을 너로 짓는 것부터 학습해 버려서 나는 공사 다 망했어

축하해
나 망한 것 말고, 네 생일
알지

생일날의 고백

촛불이 꺼진 한편 다른 촛불이 켜진다
새하얀 생크림 케이크
촉촉한 금박 딸기를 녹이는

바깥은 바람이 분다
그날 바다의 침묵
골목의 비명으로

어디서 화염과 비행선이
엉금엉금 기어와 바람에 몸을 포갠다
그러면 더 어두운 바람이 되고

누군가는 따라간다
그는 촛농처럼 식어가는 사람
외로움도 슬픔도
포개면 따뜻해지는 것일까
발 없는 영혼은
눈발 위에 어떤 자국을 남기나

한편 촛불 아래
선명한 포크 모양 빵칼 모양

소원이 뭐야? 천진한 미래의 얼굴
언니는 차라리 입을 잃고 싶다

부끄러운 사람은
달콤함으로 푹 푹 목구멍을 막는다

삼키는 염원

읽히지 않는 글을 쓰며 몇 번이고 울었다 무엇을 말하고 싶은 건지 나조차도 알 수 없었으나 누군가는 알아줄 것이라고 생각했다 이기심은 염원으로부터 태어나 한마디로 바라는 게 너무 많은 사람은 선명하지 못한 삶을 사는 것 그러나 영혼이 희미해져도 숨은 짙디짙고 겨울이 되면 나는 그걸 특히나 참을 수가 없어서 뭉치고 굴린 뒤에 꿀꺽하고 삼켜버린다 고요히 나리는 눈발 따라 마침내 가엾은 영혼 인멸한다 뒤집힌 삶을 사는 이에겐 하늘이 발 디딜 곳이라서 승천하는 염원과 영혼 따위로 가득 들어찬 하늘엔 더 이상 별을 수놓을 곳이 없어 곤란하다고 했다 장난기 가득한 눈빛이 왜인지 보기 싫어 유별난 척하지 말라고 얘기했다가 후회했다 금성은 이름 모를 이의 염원이야 너무 잘 보여서 볼 때마다 궁금하지 저기에 수신된 염원들을 몰래 꺼내보고 싶다 비록 이뤄줄 수는 없지만 유별난 것도 별이면 내 별에 수신된 염원을 너에겐 영영 보여주지 말아야지 누군가는 알아줄 기라 생각했지만 너는 아닐 거야 내가 삼킨 숨은 더 이상 상처 주지 않겠다는 다짐이야 위악적인 사랑이 완결될 수 없는 이유는 위한다는 착각 때문 다중 암호로 이루어진 불가해한 사랑은 사랑이 아니므로 나는 밤하늘을 보며 소원 비는 일을 그만두었다

언어의 해부학

단어를 가르고
문장을 찢어
곪아버린 마음을 꺼낸다

밤새 적어둔 조각이
차갑게 식어갈 때,
혀끝에 매달린 문장들은
어질러진 뼈처럼 흩어진다

흐트러진 단어들이
손끝에서 지워질 때,
전하지 못한 말들이 모여
나를 조용히 해부한다

하나의 말을 전하기 위해
나는 오늘도 언어를 가른다

꿈에서 처음 완성해 본 문장이었어

실수했어

가장 큰 용기를 낸 말을
꿈속에 놓고 와 버렸어

매일
밤

꿨던 꿈의 뒤 내용이 궁금해서

다시
잠들면

볼 수 있을까 아쉬워서

순간이 지나가면
다시 지을 수 없는 표정이 있어

입 밖에 내지 못하고
시들어버린 문장이어도 간직해줘

가장 예쁜 말로 골라서
두꺼운 책에 끼워서 말려줘

흔들리는 눈빛부터
사라지는 호흡까지

기억해 줘

추억하려는 애인

네 이름이 아닌 것으로 널 부르면 어떨까
더 더럽고 끈적거리는 호칭으로

가장 좋아하던 모서리 위에 너를 붙이고 싶지만
넌 지금 어디야

나는 자꾸만 깊숙해져 가는 부드럽고 초라한 얼굴
비밀을 발설하고 싶다는 충동, 그 충동의 얄팍함

나는 다시 어디로든 가고 있지만
너는 흐려지는 마음을 알지
대화는 눅눅하고
나는 너를 좋아해

이런 날이면 내가 왜 사랑을 할 줄 모르고 왜 사랑을 해 본 적이 없는지 어떻게 앓는지 얼마나 자주 미치는지 설명하고 싶지만

보여주고 싶지 않은 마음은
오늘도 똑같은 모양이고
너랑은 아무것도 못하겠어

상기된 입술이 기어코 새파래지면 우리는 지워진다
흐르는 새벽을 네가 지워줬으면 하는 날도 있지만 네 모양을 흉내 내다 시들어 버리는 창가의 식물들

아무 말 하지 말자
버리려는 마음을 다시 읽는다
아끼던 문장들을 붙들고 잃어버린 입술을 제멋대로 덧입힌다

전해지지 못한 일에 안도하면
모르는 말들이 뭉쳐 다른 낯빛의 얼굴이 되어있고
흐려지지 않는 이른 새벽이면 서로가 아닌 손바닥에 튕겨져 나갔다

여기서 나는
모르는 너를 대신한 얼굴을 본다

오늘도 절단면은 선명하고
우리는 푸르던 날 사라지는 꿈을 꾸던 가장 오래된 고백

쓸 수 없다는 변명

아무도 읽지 않은 책을 땅에 묻었다
아직 숨이 붙었나
확인

목격자 없는 사건이라고 완전 범죄가 될 것 같으냐
아니 명명을 달리해야 한다
이를테면 인식 파편 순장 정도

아
숙면을 위해서는
눈도 닫고 입도 닫고
염하는 걸 잊지도 말고
잠자는 동안 천장을 응시하는 행위는 금지
되었다

써야 할 것들은 모조리 길을 잃었다
도착 예정 시간: 알 수 없음
어쩌면 오는 길에 벌써 죽어버린 지도

쓰지 않은 책을 땅에 묻었다
아직 숨이 붙은 나
산패된 이름을 세 번씩 불렀으니 절차적 하자는 없다
혹여 돌아올 것들을 그저 기다릴 뿐이다

다람쥐 마트료시카

사소한 밤
사실은 소란스러운 게 내 속이고
너는 그걸 안다고 했다 속인 줄 알았는데

사소한 맘은 잘 까먹히고
그래서 너도 다 까먹었다고 했지
숲속 어딘가에 묻어뒀다가 위치도 까먹었다고
원래 그런 거니까 사람도 다람쥐처럼
나만 그 밤을 입에 가득 물고

말할 수 없었던 건 그 밤들 때문이었어 열면 쏟아질까 봐
사랑불내증에 뒤집혔던 내 뱃속처럼
입속에서도 우글우글

밤들이 떠들어
사소해지는 게 무섭지 않니
살아서 숨 쉬게 했던 것들인데 원래는
시간마다 소근소근 작아지고 있잖아
너는 내가 사라질까 봐 무서웠는데
사실은 커지는 것도 무섭잖아

속닥속닥 침이 구르는 소리
속삭이는 소리가 얼마나 시끄러운지 아니
입을 막느라 귀는 닫을 수도 없고
난 줄곧 소속이 무서웠는데
소속닥속닥
속닥속닥속
닥쳐봐!

말할 수 없었던 건 그 맘들 때문이었어
사실 나 이미 다 고백해 왔나
봐
말을 뺀 모든 것으로
그런 거지 나는 너랑 있으면 하나가 더 생기니까
 입속에 그 밤들을 꽉 물려놨어 허락 없인 절대 열지 말라고 단단히 일러두고서

 나는 말수가 줄었고 껍데기가 딱딱하다
 오뚝이가 아닌 날 영원히 넘어뜨린 너는
 여느 때처럼 살기 위해 알던 것도 묻었다가 대답마저 까먹었다

오려 내기

살결을 뒤덮는 연안의 내음
수면을 통과하지 못한 빛들이 잘게 빛난다
밀려오는 파도가 천천히 감기던 너의 눈꺼풀 같을 때
끝없이 이어지는 지평선을 접듯 너를 접었다 펼친다

언젠가 겨울 바다처럼 얼어 가는 네 손을 끌어당기며
우리는 이곳까지 흘러온 적이 있었다

멎을 줄 모르는 파도를 바라보며
너는 맹렬히 울었다
추를 매달고 잠수하듯
짙은 슬픔에 잠기고 만 사람

바다는 모래를 삼키면서도 부피를 유지하는데
나는 몇 마디 뱉지 못했다
인간의 혀는 몇 그램쯤 될까

떠오르는 문장을 접어 눌렀다
하고픈 말이 많아서 목젖이 눅눅해졌다
사람들은 대체 왜 그럴까, 울먹이던 너

우리 절취선 없는 세상에서 살자
너의 말에 묵힌 말을 입 밖으로 꺼내려고 하면
너는 나의 정수리부터 무릎까지 살피곤 했다
둘에서 하나로
잘려 나가고 있었다

너의 눈동자가 스치는 곳을 따라 테두리를 배웠다

너는 가위를 꺼내지 않았지만
나는 이미 오려지고 있었다

모래가 발목을 잡아끄는 듯 푹푹 빠지는 걸음
백사장을 처음 밟은 어린아이처럼 뒤뚱거린다

바닷가를 벗어났지만
내 몸 어디선가 비린내가 흘러나온다

분명 너에게서 도망쳤는데 너의 울음소리를 내고 있는 나

절취선 없는 세상에서 나는
가위 같은 너로부터 분열하고 있었다

빛바랜 영수증

영수증 드릴까요 라는 물음에
아니요 라고 말하지 못한 날들

외투 주머니 속 구겨진
영수증이 쌓여간다

버려야지 버려야지
끝내 버리지 못한 것

버려야지 하던 마음을 잊어버린 걸까
손에 느껴지는 구깃한 감촉에 적응해 버린 걸까

오늘은 정말 버려야지 마음먹고
먼지 더미처럼 생긴 영수증을
너무 구겨져 펼치기도 어려운 영수증을 펼친다

이미 바랄 대로 바래진 흐릿한

내가 무얼 샀었나
내가 무얼 고백하려 했던가

기억나지 않는 것

오답

요양병원에 계신 할머니가 할아버지의 안부를 물었다

누군가는 동그라미가 온전한 것이라고 하던데,
다정한 것이라고 하던데
나는 동그라미가 찔러 죽인 영혼들을 알고 있다
정답을 마주친 질문은 소멸하고 마니까
백 점짜리 시험지는 버려지고 마니까

인류는 채점자가 부재중인 시험지
왜 사는지, 왜 죽는지, 왜 이렇게 괴로운 이별인지 에 대해
과학자와 시인들이 각자의 오답을 빽빽이 써 내려간다

어느 날 그 시험지 위에
창조주의 손이 빨간펜으로 동그라미를 치는 날엔
사람은 살지도, 죽지도, 기뻐하지도 않을 테니
인류 멸종의 순간이겠지

아, 우리의 창조주는 아직 우리를 사랑하나보다

고백하지 않아서 완성되는 사랑이 있다

나는 창조주도 뭣도 아니지만 할머니를 사랑했다
할머니가 하루라도 더 할아버지가 있는 세상을 살아가길
감히 바랐다

그런 탓에,
나는 할아버지가 잘 계신다고 답했다
정답을 알면서 적어낸 오답은 거짓말이라 부르던가
나는 사랑으로 오답을 적었고, 채점은 나의 양심이
그러나 양심은 사랑을 사랑했는지 침묵하고만 있다

무지의 산소마스크를 달고 사는 모든 이에게
그것을 벗겨낼 용기가 없는 간병인들에게
오해의 구원을

나는 질문자보다도 질문을 사랑한 탓에
　내일도, 모레도, 글피도 할머니가 할아버지의 안부를 물어봐 주길 바란 탓에

오만했고, 사랑했다

파라다이스 홍콩

듣던 거랑 다르네 네가 아니라 방금 그러니까 나에게 뱉은

있잖아 근데 듣다 보니까 우리가 서로의 잠을 걱정할 사이는 아니잖아

여기까지 와서 왜 그러는 거야

너는 우리 사이를 파고든다 계속 그러는
사이에 나는 들었다 네 얘기가 아니라 딴생각을 들었다
났다 손끝에 걸쳐두기 떨어트리진 않을 거야 소리가 나면 들킬 테니까

오늘이 어디쯤인데 그런데 네가 어디에서 왔더라

모르고 있었을 뿐이지 지금 아니고 요즘 너는 그저 어떠한
연유인지 끝까지 숨기려고만 하니까 굳어버린 거지 달달한 현기증

그런 식으로 뒤섞이길 기다렸니 어지러워 너 말고 내가 퍼스트

애프터 순서에 따라서 맛이 제각각이라는 경고는 카야
토스트

끈적거리는 파열음과 함께 서로의 이름을
너와 내가 뒤섞인 밤이 기뻤다는 기록을

깬다

섞여버린 말이 흩어져도 밀크티는 분해되지 않지
우유도 홍차도 아니게 휘저어버린 실수를 저주해 부디

생각할 시간을 주겠니

얼음만 휘저어대는 너는 녹지 않고 녹진해지길 바라지만
밀크티의 농도는 처음부터 정해져 있다는 얘기까지는
굳이

하지 않는다 알고 보니 누군가 다가온다 어디까지
들었는지 우리 사이에 앉아도 되냐고 물어본다

빈자리가 여기뿐이네요

사랑 집중 모드

낡은 벽지, 낡은 조명 속에서 우리만 새것처럼 느껴졌고
책상과 의자는 몇 시간이고 침묵하고, 나는 그런 거에도 질투가 났습니다.

그 사이를 비집고 앉아, 좋아하지도 않는 위스키를 마시고 당신이 건네주는 싸구려 초콜렛을 먹으면서 그 순간을 오래 기억해야겠다는 어리석은 다짐을 했습니다.

이길 수 있는 패를 가지고 있어도 일부러 져줬던 걸 당신은 모를 겁니다.
어떤 패를 낼지 고민하며 반쯤 감은 눈을 힐끔거리는 게 좋았으니까요.

제 앞에서 느리게 감았다 뜨는 깜박임을 오래 착각했습니다.
당신은 고양이가 아닌데. 나를 사랑한다는 뜻이 아닌데.

당신의 이름을 똑바로 발음한 적이 없습니다.
이름이 맘에 든다는 이유만으로 사람을 사랑하는 저는
필터 끝까지 담배를 피우며, 규칙 없이 마구잡이로 흩날리는 연기를 보면서

속으로 딱 한 번만 불러봅니다. 차라리 그때 실컷 외칠 걸 그랬습니다.

말하고 싶지 않다가도 말하고 싶은 것이 있습니다.
궁금한 게 많지만 이제는 물어볼 수도 없습니다.
같은 손에 같은 반지를 끼우는지, 우리가 같이 흥얼거리던 허밍을 기억하는지
익숙한 알약을 잘 삼키는지 그런 것들이 궁금합니다.

저는 여전히 사과 향을 풍기고 당신은 국화 향이 잘 어울립니다.
당신을 거꾸로 말해도 달라지는 건 아무것도 없고요.
제가 좋아했던 당신의 손은 영원히 예쁘겠지요.

왼쪽 어깨에는 아직도 더운 숨이 묻어있고
꿈에서 걸려올 전화를 기다립니다. 영원히.
환상의 빛과 환각의 피로 가득한 이곳에서요.
안녕히.

원을 그리는 방법

너의 이름은 원
원을 발음키 위해 한껏 둥글지던 입술
석 자에 이응이 많아 그저 원이라 부르라던 말

응응
대답에 이응이 많아도 입은 벌리지 않아
설핏 졸던 식도가 불행을 삼키면 어떡해

엉엉
선생님 도와주세요
기억나지 않는 기억도 기억이라 부를 수 있나요

음음
그러니까
그게 그러니까

우유
우유일지도 몰라
상온에 넉넉히 둔 그것처럼 누렇게 희던 살결

유영
유영일 수도 있겠어
새벽께면 몽상을 휘젓던 달콤한 물살

영웅
영웅이 틀림없어
돈키호테나 나폴레옹 아니지 한국은 홍길동

우유 유영 영웅 웅얼 얼음 음악 악연
그리고 연인
다시 시작되는, 울음

내가 사랑해 마지않던
너의 이름은 원
너를 발음키 위해 힘껏 옹졸해지는 나
목울대를 사뭇 떨며 불러본들 돌아오지 않을 영원

이세계 생명체

사람을 흉내 내며 살아가는 일에도 익숙해졌다
체중을 이끌며 살아가는 일이
때로 버겁더라도

사람과 사람 사이에서 태어나
사람의 손에 길러져
사람의 말을 배운 생물

혈관을 타고 흐르는 것은 당연하게도 붉은색
아마추어가 아니므로 당연하게도
어쩌면 저 낯선 이의 팔뚝엔 보랏빛 피가 흐르는지
지구 반대편에서도 사계절을 살아가는지
30년 전 그 사람은 떠오르는 태양 아래 무엇을 생각했
는지

샬레 위에 놓인 것은 불투명한 피부
컵 받침 위에 놓인 것은 닳아버린 화제
우리는 시리하고도 대화를 하지
맞은 편엔 파리한 낯빛
어쩌면 초록색 어쩌면 흰색

이도 저도 아니라면 투명한 기체
너무 깊이 파고들진 말자
사람을 흉내 내며 살아가는 일에도 익숙해졌다
때로 버겁더라도

우리 사이에 놓인 것이 빛의 시간이었으면 해
우리 사이에 놓인 것이 태평양보다는 우주였으면 해
그러면 피부 안쪽도 들여다보일 테지

사람 사이에서 살다가
사람 사이에서 죽어갈 생물
어쩌면 내 옆을 스쳐 가는 당신과 당신과 당신도

어쩌면 우리는 꽤 닮았는지도 몰라
사실은 우리가 같지 않단 걸 알았더라면
어쩌면 우리는 꽤 닮았는지도 몰라

닮았기 때문에 외로운 것은 왜일까

헤르츠 러브

숨을 죽일 때 들리는 소리가 있다

눈치를 보며 웅크리다 숨을 죽일 때
작게 존재감을 비추는 소리
바스락- 쉿! 조심해
부끄러움이 많은 소리는 언제 사라질지 모르니까

돌고래의 비명은 사람에게 들리지 않는 것처럼
힘껏 소리친 고백은 너에게 닿지 않으니까

오늘도 뒷모습을 향해서 고백을 해
뱉은 말들이 부메랑이 되어 너의 주위를 맴돌다가
내게 다시 돌아온다

알아,
내가 던진 말들은 오로지 나의 몫이고
부풀고 넘쳐흘러 버린 마음을 정리하는 것도
모두 나의 몫이지

쨍그랑 깨져버린 단어들이
물이 되고 바람이 되어

빛이 되고 빚이 되어
모습을 감춰버렸다

내 사랑이 부담이 될까
존재조차 드러내지 말자
나 홀로 다짐했었던
조심히 나타나 조용히 사라지는,
다짐에 걸맞은 최후의 모습

수많은 소음으로 가득 찬 세상에서
이 작은 고백이 시들기 전에 발견할 수 있을까?
어쩌면 모두가 비웃을지도 모르지

그래도 언젠가 한 번
너에게 잠깐의 적막이 찾아온다면
귀를 기울여 봐

작게 맴도는 사랑 고백이
네게 들릴지도 모르니까

*돌고래는 2,000 ~ 200,000Hz의 진동수를 가진 음파를 사용하는데, 이는 인간이 들을 수 있는 소리를 넘어 인간에게는 들리지 않는다고 한다.

친애하는 인어에게

나쁜 사람들의 나쁜 말에서만 위로를 받는다는
너의 찢어진 비늘을 위해 이 글을 쓴다!

썰물에 밀려온 너는 조각난 기억을 손에 쥐고 있었다 다리를 얻은 것은 그로부터 꼬박 하루가 지난 뒤였다 바닷물이 상처를 덧나게 한다는 너의 말은 슬픈 사람들의 돌림노래를 닮았고 바닷속에서도 천만년 사랑할 수는 없다

가여운 너는 알지 못했지 햇빛 없이는 꽃이 죽는다는 것도 죽은 생선은 눈부터 흐려진다는 것도 알약을 씹어 먹어서는 안 된다는 것도 공기에 닿은 상처는 따끔거린다는 것도 물에서도 살이 부르튼다는 것도 결국 사람은 사람에게 상처받고 사랑에는 결말이 있다는 것도

네 눈에 비친 바다가 너무나 파랬기 때문에 사랑을 운명으로 생각하는 네가 나는 너무 슬펐다 표류하는 불행은 이제 끝이길 바란다고 말했지만 사실 영영 곁에 있고 싶었다 바닷물이 다 마르고 모래성이 무너질 때까지 갈라진 꼬리가 붙고 우리가 살던 수중도시를 기억해 낼 때까지

물결이 되어 하나로 뭉크러지는 것이 사랑이라면
운명은 너무 무섭고 사람들은 너무 파랗다
급류가 두 몸을 휘감는 순간에도
시간의 끝에 선 나는 울지 않겠지만

만약 우리가 만나 고이는 곳이 눈물뿐이라면
기적처럼 사라져 천만년 살아남는 것은
그러나 오직 물거품으로

DM

(너를 싫어한 적 없어
네가 무슨 말을 하든
내 대답이 모두 고백이 되어버려서
마음을 빼면 남는 말이 없었단 말이야

잘 지냈냐니
보지도 못하는 너를 앓느라 한참을 못 지냈다고
그런 말을 어떻게 해
너는 나를 좋아하지도 않았잖아
나를 떠올린 새벽이 없잖아
고백을 지우고 나면 남는 말이 없어서
얼타는 엄지손가락

너처럼 예쁜 건 본 적 없어
내가 감히 바라도 될까
이건 과거 가장 아팠던 생각

이제는 습관으로만 자리 잡은 나의 가을아
지난가을에도 네 꿈을 꿨다가
억울해서 조금 울었어
그게 다야

마음이 끝나고도 너에게 끝내 전하지 못한
나의 일기나 되어버린 것

아니다
이건 내가 내게 하는 거짓말
아직 우연이 우리를 서로에게 가져다주길 꿈꿔)

...

어, 잘 지내지.

...

새해 복 많이 받아.

구름 밑을 천천히 쏘다니는 개처럼*

기이한 꿈을 꾸고
흉몽인지 길몽인지 의심할 때
나는 이미 답을 알았던 것 같다

거리에는 약속이, 내가 미룬 약속들이 돌아다닌다
나는 창틈으로 훔쳐보며 그들의 사고를,
로드킬을 희망한다

애초에 없어야 했을
유통기한이 있다면 진작에 버렸을
언젠가부터 서서히 생겨난, 버섯처럼 곰팡이처럼
스멀스멀 피어난
끈적이는 물이 흐르기도 하는 약속들

지키지 못해 미안해
고작 이 말을 뱉는 게 꼭
주인에게 발라당 배를 까 보이는 개가 되는 것 같아
너에게도 나에게도 하지 못하는 이유이다

그래서 오늘도 방에 갇혀

날 지키던 것들 예를 들면 몽당연필, 박하사탕, 상어 모양 지우개나 돼지 인형
　죄다 모아 산을 쌓고
　꼭대기에 재물처럼 인형을 눕혀두고
　무릎 꿇고 한참을 벌받았다
　죄를, 꿈에서 어머니가 구원해 주신 나의 붉은
　죄, 때로는 몰래 영감으로 쓰곤 했던 부끄러움
　어디에도 이름 석 자 말하지 못하고 불리기 싫을 만큼 큰 어리석음을

　어머니는 가끔 꿈에 나타나
　긴 기도로 천사의 해몽을 받아다 주신다

　천사는 알까
　길 잃은 꼬마의 집을 찾아준 영웅이
　뒤돌아서 로드킬 전문가가 된다는 허풍이나
　화해는 해도 복수는 놓지 않는 사람이
　용서받기를 꿈꾸는 그 사사로운 자유 같은 거

* 기형도 「질투는 나의 힘」에서

그것은 스킨답서스가 아니다

물에서 식물을 기르면
마르고 있음을 체감하기 어렵다

가지런히 쌓다가 미뤄두다가
이쪽
과
저쪽의 거리를

가늠할 때
사실이 아님을 알아야 한다
짧아짐이

탁상 달력 사이에 있다
분명히 기억해야 하지만 구분하기 어려운
끼워진 시간들

더듬다 보면 해답을 찾기도 하는데
이삿짐을 정리하다가 그랬다

돌려받은 이쪽과 저쪽과 이쪽들을
어떻게 옮겨야 하지

여기까지 이쪽이라고 할게

몇 달 동안 스킨답서스인 줄 알던 것은
그랬던 적이 단 한 순간도 없었다
우리 집에서 가장 작은 식물

이름이 안스리움이었음을
언젠가 마주친다면 얘기해줘야지
이 다짐을 탁상 달력 사이에 끼우고
돌려받은 이쪽과 함께

저쪽에서 받은 스킨답서스
물을 갈아주다가 얘기하기 전에

저기까지 이쪽이라고 할게
새잎이 나고 있었다
마르는 법이 없이

종간 경쟁

지독히 미워한 적이 있어
좋아하면서 닮고 싶어 하면서 밀어낸 적이 있어

속이 보글보글 부글부글
바글바글 다시
드글드글
부지런히 기어다니는 개미

빠글빠글하다 못해 짜글짜글하게
철사로 사정없이 머리를 말았다
성가신 머리가
달린다

털이 쭈뼛 선 고양이처럼
검은 비닐봉지를 경계하는 고양이처럼

남의 꿈을 훔쳐다 걸어놓은 것처럼
배가 간질간질하다

끔찍이 아껴본 적이 있어

미처 다 먹지 못한 막대 사탕을 종이로 싸놓은 것처럼
플라스틱 컵에 담긴 아이스 바닐라 라테처럼
다 녹아버린 얼음이 뿌옇게 불투명하게

버리지 못해 망쳐버린 마음을
버리지 못해 가지게 된 적이 있어

사랑은 체리

너의 일상을 가만히 듣다가
더 많은 걸 알고 싶어진 날

무섭게 물들던 붉은 마음
섣불리 물다가 큰일 날 거야

메론 소다의 체리는 너무 예쁘지만 입에 넣고 싶지는 않아. 온통 초록색이 된 혀로 너는 말했다. 침전된 바닐라 아이스크림이 묻은 체리가 네 손끝에서 툭 떨어진다. 뭉개진다. 붉은 과즙이 쟁반 위에 번진다. 사실 나도 장식용 체리는 먹어 본 적 없어. 진짜 체리가 맞는지도 잘 몰라. 메론 소다의 체리에도 씨가 있어? 내 생각에는 없을 것 같아. 왜냐하면 이 체리는 묘하게 투명하고, 너무 빨갛고, 유리 같아서.

내 문제는 로맨스 소설을
너무 많이 읽었다는 점

사랑은 멀리 있지 않다는 걸
그때 알았으면 좋았을 텐데

체리를 세게 물었다

푸르지 않은 지구로부터

안녕, G-60109.

그곳에서는 너를 그렇게 부른다지? 그래도 숫자만으로 부르는 건 너무 정 없어 보인다고 생각해. 너는 벌써 익숙해졌으려나? 아, 먼저 말해두자면 이건 지구에서 보내는 마지막 고백이 될 것 같아. 더 이상은 그쪽에 편지를 보낼 수 없다네.

시름시름 앓아가는 지구와는 다르게 네가 도착한 새로운 행성은 아름답다고 들었어. 그리고 지구를 벗어난 후의 페널티도 전해 들었지.   , 이름과 사랑을 잃어버린 기분이 어때?

나는 여전히 여기에 있어. 지구 말이야. 사람의 흔적이라곤 코빼기도 안 보이고, 이젠 더 이상 푸른 행성이 아닌 곳. 떠나간 사람들의 이름들과 사랑의 기억들만이 남은 곳. 조금 외롭긴 하지만 이름과 사랑을 지킬 수 있다는 사실만으로도 내게 지구는 특별한 존재야. 너와 함께한 기억들을 생경하게 불어넣어 주는 존재이기도 하지.

있잖아, 나는 이 지구에 남기로 했어. 그리고 마지막까지 사랑을 하는 사람이 되기로 했지. 모두가 떠나간 이 지구를 온통 네 이름으로 메울 거야. 네가 언젠가 다시 돌아오게 된다면, 너의 이름을 바로 기억해 낼 수 있도록. 이건 너에게 주는 내 마지막 선물이야.

, 네가 무척이나 보고 싶어.

방류금지

LP판은 돌아간다 노래는 느긋하게 흐르고
너는 턴테이블에 내려앉은 먼지를 슬쩍 걷어 낸다
산 건 최근인데 자꾸 고물처럼
먼지가 앉는다며 투덜거린다
나는 맞장구도 없이 턱을 괴고 앉아
입을 비죽이는 너를 본다

너를 가만 보고 있으면
나한테도 먼지가 앉는다 자꾸
불어나고 늘어나서 몸을 다 덮는데
나는 털어내는 법을 모르고
내 몸은 걷어 주는 이가 없다

켜켜이 흐르고 쌓이는 마음을 거둬 주는 네가 없다

살짝만 쓸어 주면
조금만 들어주면
모든 걸 말할 수 있을 텐데

널 영원히 부를 수 있을 것 같은데

파도시집선 019
고백

초판 1쇄 발행 2025년 3월 20일 춘분
　　2쇄 발행 2025년 6월 17일

지 은 이 | 채미지 외 45명
펴 낸 곳 | 파도
편　　집 | 길보배
등록번호 | 제 2020-000013호
주　　소 | 서울특별시 서대문구 증가로 17길 38
전자우편 | seeyoursea@naver.com
I S B N | 979-11-93627-04-4 (03810)

값 10,000원

ⓒ 파도, 2025. Printed in seoul, korea.

* 이 책의 판권은 지은이와 파도에게 있습니다. 양측의 서면 동의 없는 무단 전재 및 복제를 금합니다.
* 맞춤법과 띄어쓰기는 원본에서 기인하였습니다.
* 파도시집선 참여 작가들의 인세는 매년 기부됩니다.